W0233660

Ottokar, der Flohverkäufer

Ottokar,
der Flohverkäufer

Heitere Geschichten, erzählt von Ottokar Domma,
illustriert von Klaus Vonderwerth

© leiv Leipziger Kinderbuchverlag GmbH
1. Auflage 2003
Mit freundlicher Genehmigung des Eulenspiegelverlages
Typografie: Jochen Busch
Gesamtherstellung: Offizin Andersen Nexö Leipzig
Printed in Germany

ISBN 3-98603-140-6

Wie mein Vater meine Geburt förderte

Der erste Höhepunkt war meine Geburt. Ich muss nicht erzählen, wie ein Kind gemacht wird, wie es im Leib der Mutter heranwächst und eines Tages das Licht der Welt erblickt. Das wissen heute schon die Kleinen im Kindergarten. Von mir sagten meine Eltern, ich sei eine ganz normale Geburt gewesen. So haben sie es gesehen. Aber wie es mir erging, bevor ich geboren wurde, fragten sie nicht. Kein Mensch fragt einen kleinen Embryo danach, wie es ihm wohl ergangen ist.

Ich werde jetzt einmal erzählen, was man so alles durchmacht, bevor man in die Welt hinausgestoßen wird.

Also:

Es begann vor 11 Jahren und ein paar Monaten. Ich lag gemütlich in der Gebärmutterhöhle, schwamm im warmen Fruchtwasser herum und ernährte mich brav vom Mutterkuchen, da fingen bereits meine Leiden an. Meine Mutter bekam ganz offensichtlich richtige Fressanfälle. Alles hat sie durcheinander gegessen: Pellkartoffeln mit Vanillesoße, Leberwurststullen mit Bienenhonig, Hering mit Schokoladenpudding, saure Gurken mit Schlagsahne und so weiter. Kein Wunder, dass ihr öfter übel wurde. Und wer war Schuld? Ich.

Dass aber ich es war, der diese Erschütterungen im Mutterleib ertragen musste, interessierte keinen, auch nicht meinen Vater. Statt der Mutter zu sagen, sie solle sich mit ihrer Fresserei ein bisschen mäßigen, hat er sie noch angestachelt:

„Wie wär's nach dem wunderbaren Eisbein mit einem

Schnäpschen?" Das sei gut zur Verdauung. Mutter konnte Vater noch nie was abschlagen. Also trank sie auch noch ein Schnäpschen. Ob es mir bekäme, fragte er nicht. Ganz dumm wurde mir in meinem winzigen Köpfchen.

Es war schon ein Wunder, dass mir trotzdem Ärmchen und Beinchen, Fingerchen und Zehchen gewachsen sind, und ich wartete sehnsüchtig darauf, sie bewegen zu können. Das geschah eines Tages. Es war ein ruhiger Samstag. Mutter saß und strickte für mich ein Strampelhöschen, auch Vater war mal zu Hause und nicht auf einer Sonderschicht für Frieden oder Geld. Er schaute sich im Fernsehen ein Fußballspiel an, trank Bier dazu und erklärte Mutter und mir, wie die Fußballer spielen müssen. Er kannte viele. Die meisten hießen Flaschen. Plötzlich schrie er: „Tor!", sprang auf, riss meine Mutter hoch, küsste sie noch stürmischer als die Fußballer den Torwart, sodass ich aus meinem Schlummer hochschreckte und strampelte. Nun schrie auch meine Mutter, aber nicht Tor, sondern: „Es hat sich bewegt!" So machte ich die nützliche Erfahrung, dass man selber auf sich aufmerksam machen muss, denn kein anderer tut es.

Den ganzen Abend legten die Eltern die Hände auf Mutters Bauch, Vater horchte sogar daran, aber den Gefallen, mich noch einmal zu rühren, tat ich ihnen nicht gleich, erst ein paar Tage später, meistens wenn Mutter schlief.

Es gab auch Streit und Ärger meinetwegen, zum Beispiel, wenn Vater rauchte. Mutter verlangte von ihm dann lautstark, Rücksicht auf mich zu nehmen. Vater tat es dann auch, natürlich nicht meinetwegen, sondern um den Hausfrieden zu erhalten. Heimlich qualmte er doch weiter. Das war dann eine weitere Erfahrung: Mit Befehl geht es nicht. Die Eltern hätten

einen richtigen schriftlichen Vertrag abschließen und diesen
von einer dritten Person kontrollieren lassen müssen. Das hätte ich sein können, aber ich war ja nicht unschuldig an diesem
Streit. Außerdem hatte Vater auch immer etwas zu nörgeln.
„Wann gedenkst du endlich, dir ein weites Kleid zu kaufen?",
blaffte er Mutter an und meinte, mit ihrer Jeans würde sie
mich noch ersticken. Mutter kaufte, denn sie ist eine brave
Ehefrau.

Der Haussegen hing auch schief, wenn die beiden Omas
kamen. Die eine meckerte dauernd, meine Mutter dürfe sich
nicht so gehen lassen. Auch eine Schwangere müsse zum Fri-
seur und sich schön machen lassen.

Und die andere Oma pfiff den Vater an, weil er die werden-
de Mutter schwere Sachen schleppen lässt.

„Sie ist eine tragende Frau und kein Lastesel!" So hetzten sie Vater und Mutter auf, und alles meinetwegen.

Am schlimmsten aber waren die Klatschtanten. Eine erzählte meiner Mutter von ihrer schweren Entbindung. Sie dachte, der Bauch würde platzen, bis man sie unters Messer nahm. Eine andere erzählte, dass ihr Neugeborenes beinah von der Nabelschnur erdrosselt wurde. Sowas kann einen ganz schön nervös machen. Du liegst in der Höhle, musst dir das anhören und kannst nichts gegen solchen Quatsch tun. Ich wünschte ihnen beim nächsten Mal Drillinge und Vierlinge an den Hals. Aber es gab auch hilfsbereite Menschen. Ein Rundfunkreporter hatte den werdenden Müttern geraten, viel zu lesen. Lesen bildet und überträgt sich auf das Kind. Meine Mutter las nun jeden Tag Märchen für mich, und was für Märchen! Der reinste Horror. So wurde ich schon frühzeitig auf Gewalt und Lebenskampf vorbereitet.

Vater meinte, die Mutter müsse etwas Beruhigendes lesen und brachte ihr Hefte von seiner Weiterbildung mit. Dann musste sie den Vater auch noch abhören, ob er auch richtig gelernt hat. Das war vielleicht langweilig! Jeden Tag paukte Vater Ismenwörter und sowas, bis es mir zu bunt wurde. Bloß raus hier und an die frische Luft, sagte ich mir und drängte, bis meine Mutter zu jammern begann und rief: „Es ist soweit!" Vater unterbrach sein Bildungstraining und fuhr Mutter in das Krankenhaus.

Von wegen normale Geburt! So leicht habe ich es Mutter nicht gemacht, ich war damals schon ein ganz schöner Dickkopp. Das erste Wesen, das ich erblickte, war eine rohe Frau mit weißem Kittel. Kaum war ich da, hatte sie mir den Arsch solange versohlt, bis ich schrie. Und ertränkt hätte sie

mich auch beinah. Sie hob mich auch in die Luft wie ein
Sportler die Trophäe, da pinkelte ich ihr vor Wut ins Gesicht.
So lernte ich schon am ersten Tag, sich im Leben nicht alles
gefallen zu lassen.

Meine Mutter dagegen gefiel mir gleich. Sie war schön und
warm, wogegen mein Vater grünlich gelb aussah und nach
Schnaps roch. Na, das fängt ja gut mit dem an, dachte ich. Mit
Vater werd' ich noch Sorgen haben.

Wie sich ein braver Schüler verhalten muss

Auf die Schule hab ich mich so richtig gefreut, weil meine Eltern, Tanten und andere Verwandten mich darauf vorbereitet haben. Zum Beispiel sagten sie immer wieder folgenden halben Merksatz:

„Komm du erst zur Schule, dann ..."

Ich konnte mir danach leicht ausrechnen, was dann folgen würde. Dann darf ich nicht mehr so frech sein, meine Sachen nicht mehr so eindrecken, meine Schwester nicht mehr so ärgern, Oma nicht nachäffen, überhaupt nicht mehr zu den Großeltern sagen: „Ihr seid zu alt. Kommt ihr erst mal in den Kindergarten, dann reden wir weiter."

Wenn es nach der Oma gegangen wäre, dann hätte ich den ganzen Tag grüßen und bitte und danke sagen müssen, bloß weil sich das schöner anhört als mein Rummaulen, und Opa wollte dauernd irgendwelche Hammelbeine langziehen, aber wo und wie, hat er nicht gesagt. Einmal hab ich es versucht beim Hammel vom Herrn Stunk. Den hat er immer angebunden. Ich zog von hinten, der Hammel fiel aufs Maul, und der Herr Stunk drohte hinter mir her und berichtete es meinem Vater. Der glaubte nicht, dass der Opa das angeordnet hat.

Auch vor den Lehrern hatte ich keine Angst, als ich in die Schule kam. Es gab dort sowieso mehr Lehrerinnen als Lehrer. Naja, manchmal lachten sie sogar ein bisschen, das war schon zum Gruseln. Aber sonst guckten sie wie im Kino, na, oder wie Aufseher, Dompteure und Polizisten, also ganz normal, so wie meine Tante Anna, als ich in ihr Gebissglas ein paar Regenwürmer reinlegte. Ihre Beißerchen glänzten danach richtig und waren blitzblank sauber.

„Wenn du in die Schule kommst, dann darfst du nicht so vorlaut sein, musst schön brav sitzen und alles tun, was die Lehrer sagen, darfst nicht widersprechen und nicht das letzte Wort haben wollen."

Die Erwachsenen betonten das so, als ob das anstrengend wäre. Damit konnten sie mir auch keine Angst einjagen. Wenn die anderen Kinder brüllten „hier, hier, hier" und „ich weiß es" und „ich, ich, ich", und auf und ab wippten und mit den Händen in der Luft rumfuchtelten, dann blieb ich schön brav sitzen und sagte nichts, denn ich wollte nicht vorlaut sein. Und widersprochen hab ich auch nicht, wenn die Lehrer unbedingt Recht haben wollten.

Als einmal eine kaputte Lehrerin in der Stunde aufschrie: „Ich werd' noch ganz verrückt mit euch!", da hatte ich doch keinen Grund, ein letztes Wort zu sagen. Wenn zum Beispiel ein Lehrer laut fragte, ob ich alles verstanden habe, und ich darauf mit „Ja" geantwortet hätte, dann hätte ich doch wieder das letzte Wort gehabt. Diese Schande wollte ich mir und meiner Mutter nicht antun.

Ich hab mich von der 1. Klasse an daran gehalten, alles zu tun, was die Lehrer von mir verlangten. Wenn die Frau Seidenschnur rief: „Ottokar, hier ist die Tafel, nicht dort draußen!", dann musste ich ihr schon Recht geben. Dort draußen, wo es manchmal Interessantes zu sehen gab, war tatsächlich keine Tafel. Durch den Zuruf wusste ich endlich, wo die Tafeln sind, und brauchte nicht länger darüber nachzudenken. Ich schaute immer auf die Tafel, bis die Frau Seidenschnur mein Köpfchen ganz sanft runterdrückte und sagte: „Hier ist

dein Heft, du hast ja noch gar keine A's geschrieben." Auch das stimmte, da malte ich eben A's, und kein Aas konnte mir vorwerfen, ich würde nicht das tun, was die Lehrer gerade wünschten, wenn ich auch lieber weiter zum Fenster rausgeschaut hätte.

Oder wenn ein Lehrer zu mir sagte: „Sprich lauter, ich versteh kein Wort!", dann sprach ich so laut, dass er sich die Ohren zuhielt und sagte, er sei doch nicht taub. Woher soll ein Schüler das wissen? Meine Mutter schreit dem Vater auch manchmal was zu, meistens Wünsche. Der stellt sich dann sehr gern taub. Ich kann mich gar nicht taub stellen, weil mir meine Mutter jeden Tag in die Ohren schaut, ob sie nicht verstopft sind.

Es gibt ja auch höfliche Lehrer wie den Herrn Brummbär Burschelmann. Wenn ein Mädchen, wie die brave Bärbel, et-

was vor sich hin piepst, legt der Herr Burschelmann seine große Flosse ans Ohr und knurrt zurück: „Ich bin kein Beichtvater. Alle wollen hören, was du zu sagen hast!" Da irrt sich der Herr Burschelmann. Alle wollen das gar nicht hören. Und wenn der Herr Burschelmann schlecht hört, dann muss ihm seine Frau eben auch jeden Tag die Ohren reinigen.

Diese Beispiele aber sagen doch genug, wie schwer es ist, es allen Lehrern recht zu machen. Das Fräulein Bella Kohl kommt in die Klasse und schreit schon an der Tür: „Fenster zu, es zieht!"

Das Fräulein Heidenröslein reißt danach die Fenster auf und sagt: „Eine Luft ist das hier, nicht auszuhalten."

Der Herr Luschmil verkündet danach, dass er erkältet ist, und ob wir ihn noch kränker machen wollen. Die meisten hätten nichts dagegen, wir schließen trotzdem die Fenster, bis der

Herr Kurz eintritt. Er betunscht sich gleich mit einem duftigen Papierchen und fragt uns beim Durchgang, was wir vom Waschen halten. Dem widerspricht keiner, auch ich nicht. Nur der Schweine-Sigi. Er lüftet gleich und ruft uns zu: „Geht's euch jetzt besser?" Er meint aber nicht uns, sondern den Herrn Kunz. Uns geht's immer gut, der Frau Seidenschnur geht's auch gut, dem Herrn Sportlehrer Stramm noch besser, er raucht sich gesund, dem Herrn Burschelmann ist es egal, welche Lüfte wehen, er will nur wissen, was wir Schlawiner drauf haben. „Ottokar, an die Tafel!"

Mir geht es dann nicht mehr ganz so gut. Aber man darf sich das nicht anmerken lassen. Ich schreite dann freudig nach vorn, weil ich den Lehrern jeden Wunsch erfülle, nicht widerspreche und das letzte Wort ihnen überlasse. So muss sich eben ein braver Schüler verhalten.

Wie man unsere Zeugnisse sieht

Zeugnisse hab ich für mein Leben gern, besonders Halbjahres-
zeugnisse, weil man da im Mittelpunkt steht und die Eltern
sich Zeit nehmen, mit einem zu diskutieren. Sonst reden sie
zwar auch mit mir, aber längst nicht so gründlich. Sie können
den Zeugnistag kaum erwarten und sind im Gegensatz zu mir
furchtbar aufgeregt. Ich bin nur neugierig darauf, ob sich
meine Lehrer nicht wieder geirrt haben. Mir gefällt an den
Lehrern, dass sie auch nicht alles richtig machen, und wenn sie
das einsehen, gefallen sie mir noch besser.

Die Zeugnisbetrachtung geht in mehreren Verarbeitungs-
stufen vor sich. Zuerst vergleichen die Eltern die neuen
Zensuren mit den alten vom vorigen Jahr und früher. Dabei
nicken sie oder wackeln mit dem Kopf hin und her, je nachdem. Dann folgt die erste Einschätzung mit den Wörtern
„Naja" oder „Wieso?" oder „Nanu!". Beim „Nanu!" schließen
sich solche Fragesätze an wie: „Was ist denn das? Eine Drei in
Rechtschreibung?" oder „Wieso hast du dich in Biologie ver-
schlechtert?"

Diese Fragen kann ich ganz leicht beantworten, indem ich
darauf hinweise, dass einige Schüler noch schlechter sind als
ich. Statt mich für diesen richtigen Hinweis zu loben, schauen
meine Eltern mich erzieherisch an und sagen: „Du sollst dich
an den besseren Schülern orientieren, nicht an den schlechte-
ren!" Die Mutter seufzt dazu und schämt sich für mich, der
Vater nicht so sehr. Er ruft mir bloß zu: „Die Drei muss weg!"

Das ist die erste Verarbeitungsstufe.

Nachdem die Eltern mein Zeugnis mit dem meiner Schwester verglichen haben und Unterschiede feststellten, gehen sie zur zweiten Verarbeitungsstufe über. Meine Mutter macht dann meistens den Anfang, indem sie zum Beispiel sagt:

„Du wirst jetzt jeden Tag ein Diktat üben, hörst du?" Der Vater gibt noch eins drauf, damit ich merke, dass auch er erzieht: „Und mit der Gammelei ist jetzt Schluss, sonst …" Er wusste nicht gleich, was sonst passiert, aber es wird ihm schon noch was einfallen. In Biologie wussten die Eltern nicht so gut, was mir hilft. Ich sagte, sie müssen sich deswegen keine grauen Haare wachsen lassen. Wenn's wärmer wird, zieh ich wieder an.

Die dritte Zeugnisverarbeitungsstufe ist schon schwerer zu verkraften. Da geht es um die Kopfnoten. Daraus entstehen die Wenn-Dann-Sätze. Zum Beispiel: „Wenn deine Zensur in Betragen nicht besser wird, dann fährst du nicht mit in den Urlaub!" Es half auch nichts, dass ich den Eltern erklärte, die Drei hab ich bloß wegen Herrn Kurz bekommen, weil der mich nicht ausstehen kann. Meine Mutter antwortete, darum sollte ich mich erst recht zusammenreißen.

Ich riss mich in den ersten Ferientagen zusammen. Meine Eltern bekamen Mitleid und nahmen mich ins Erzgebirge mit. Wahrscheinlich haben sie sich gedacht: Lassen wir Ottokar zu Hause, wissen wir nicht, was er anstellt. Bleibt er bei uns, dann wissen wir es.

Die vierte Verarbeitungsstufe vollzieht sich in der Schule. Da gibt es verschiedene Möglichkeiten, zum Beispiel das Patenschaftswesen. So bekam die brave Bärbel den Auftrag, mir in Biologie zu helfen. Die Bärbel war sehr stolz darauf und fragte mich:

„Wo bist du am schwächsten?" Ich sagte, eigentlich fühl ich mich körperlich gar nicht schwach, wir können ja einmal ringen. Aber wenn du Biologie meinst, dann an mehreren Stellen, zum Beispiel in der Wurmkunde. Bärbel guckte wie eine Lehrerin: „Plattwürmer oder Rundwürmer?" – „Naja", sagte ich, „eigentlich überhaupt, ich ekle mich nämlich vor Würmern." Die Bärbel fing gleich an zu belehren: „Du musst das wissenschaftlich sehen." – „Weißt du, Bärbel", sagte ich, „am besten ist, wenn ich nachmittags zu dir nach Hause komme."

Ich habe mich gut darauf vorbereitet, und der Schweine-Sigi half mir bei der Beschaffung von Anschauungsmitteln.

Bärbel hatte mich schon erwartet. Wir setzten uns in eine Laube mit Eckbank und Kissen. Auf dem Tisch lag ein sauberes Tischtuch und eine Schale mit Waffeln. Die Bärbel hatte schon einige Bücher bei sich und ein Diarium. Ich sagte, ich hab auch was mitgebracht, und legte verschiedene Schachteln um die Waffeln. Dann öffnete ich die erste Schachtel und zog einen langen Regenwurm heraus. Er kringelte sich, wahrscheinlich wegen der Sauberkeit.

„Ist das der Eiseniella tetraedra oder der Lumbricus terrestris?", fragte ich die Bärbel. Sie sah verekelt auf meinen schönen Wurm und sagte streng: „Bitte, nimm den vom Tisch!"

„Na, dann nicht." Ich packte meinen fetten Regenwurm wieder ein und öffnete die nächste Schachtel.

„Und hier hab ich einen sehr schönen Peitschenwurm aus der Familie der Trichuridae, ein Geschenk vom Schweine-Sigi. Meine Frage: Kommt der auch im Menschendarm vor?"

Da kriegte die Bärbel eine weiße Nase und rannte weg. Was lehrt uns das? Das lehrt uns: Ein Lernpate ist ja nicht schlecht, aber selbst lernen ist besser, schon um den Paten zu ärgern.

Schade, ich hätte der Bärbel gern noch ein paar Blutegel gezeigt, ein Bandwurm war leider nicht mehr auf Lager.

Aber seitdem bekomme ich auch keine Paten mehr.

In der fünften Verarbeitungsstufe werden bei schlecht lernenden Schülern die Eltern eingesetzt.

Das schlimmste ist aber, wenn der Mensch nach seinem Zensurendurchschnitt eingeschätzt wird, zum Beispiel bei Bewerbungen um eine Lehrstelle. Ich weiß das von der Saxafonia Brunsig. Sie wollte Friseuse werden, und auf ihrem Zeugnis stand auch, dass sie sehr geschickt ist. Weil aber so viele Mädchen Friseuse werden wollten, schaute der Lehrlingsauswähler Saxafonias Zeugnis der 9. Klasse besonders streng an und sprach: „Mit dem Durchschnitt und der Drei in Deutsch spielt sich nischt ab." Ich sagte zur Saxafonia, sie soll's doch mal in einem Hundesalon probieren. Da braucht sie nicht zu reden, sondern nur zu bellen. Aber das wollte sie nicht, und so blieb ihr nichts anderes übrig, als Sekretärin zu lernen. Da kann sie später ihre geschickten Finger auch anwenden.

Deshalb muss ich mich langsam auf einen sehr guten Durchschnitt einrichten. Jetzt steh' ich auf 2,4 nur wegen der guten Vier im Singen und der schlechten Drei in Biologie. Wenn es in Mathematik und Geschichte eine Null als beste Zensur gäbe, wär' ich aus dem Schneider. Aber so kann ich rechnen, wie ich will, mehr als 2,1 kommt bei weiteren Verbesserungen nicht heraus, und davon kann vielleicht abhängen, ob ich im Sommer ins Ferienlager mitfahren darf oder nicht. Denn wer weiß, ob man nicht plötzlich auf die Idee kommt, nur die besten Durchschnitte für die Ferienlager zuzulassen. Dann seh' ich alt aus.

Was lehrt uns das? Das lehrt uns: Zensuren müssen sein, damit man weiß, woran man ist, und die Lehrer richtig abrechnen können. Je mehr Einsen, desto weniger Sitzenbleiber. Das zählt. Unser Klassenlehrer, der Herr Burschelmann, meint zwar, der Mensch ist das wichtigste. Aber was nutzt das, wenn es Menschen gibt, die uns nur als eine Rechenaufgabe ansehen!

Wie man ein schönes Wochenende verbringt

Als der Sonnabend ein arbeitsfreier Tag wurde, da haben sich die meisten Leute gefreut, auch wenn wir Schüler und unsere Lehrer damals darauf verzichten mussten. Aber wir haben deshalb kein Gesumse gemacht, sondern uns nur ein bisschen geärgert. Unsere Lehrer zeigten diesen Ärger nicht so öffentlich, weil sie ein hohes Bewusstsein besitzen.

Als es schließlich mit dem langen Wochenende losging, überlegten meine Eltern, wie sie den Sonnabend und Sonntag rumkriegen. Mein Vater dachte daran, endlich mal seine Briefmarken in Ordnung zu bringen und dass man auch einmal ausgehen müsste; denn am Sonntag ist es leichter, den schweren Kopf auszuschlafen. Meine Mutter aber meinte, dass der Vater nicht bloß nach seinen Wünschen leben darf, sondern auch nützlich sein muss, zum Beispiel beim Saubermachen oder Einkaufen oder beim Kelleraufräumen oder bei anderen schönen Erledigungen. Auch will sie mit dem Vater nicht rumschwärmen, sondern einmal in die Schule gehen, um meine Schwester und mich zu beobachten. Und am Wochenende möchte sich meine Mutter ganz der Familie schenken. Mein Vater war nach dieser Rede gar nicht mehr so erfreut.

Ich kann mich noch gut an den ersten freien Sonnabend erinnern. An diesem Tag kam ein Motorradfahrer daher. Es war ein alter Kumpel von meinem Vater, der schon immer daran gedacht hatte, wie wir uns wohl freuen würden, wenn er uns überfällt. Und man könnte endlich wieder einmal zwei Tage über alles diskutieren. Die Diskussion dauerte aber bloß eine

Nacht, und am Sonntag konnten die Diskutierer ihren schweren Kopf ausschlafen.

Beim nächsten freien Sonnabend wollten meine Eltern ins Theater fahren, und sie waren schon bei der Vorbereitung. Meine Mutter fragte den Vater, ob sie sich wegen seines Schlipses blamieren soll, und sie geht nicht mit solch einem Geschmacklosen. Mein Vater fluchte und suchte. Da klingelte es, und es kamen der Onkel Emil und Tante Waltraud mit dem kleinen Sohn Hinko. Sie schrien gleich an der Tür, ob sie eine gelungene Überraschung sind. Mein Vater antwortete, sie sind eine schöne Überraschung, und meine Mutter sagte, dass sie damit nicht gerechnet hat, und machte dazu ein erfreutes Gesicht. Aber in der Küche war ihr Antlitz nicht mehr so erfreulich, sondern mehr traurig, weil sie sich auf das Theater gefreut hat. Aber sie ermahnte mich gleich, am Sonntag nicht wie ein Verhungerter zu essen, jetzt muss sie einteilen. Außerdem soll ich mich mit dem kleinen Hinko beschäftigen, wenn sich die Erwachsenen was erzählen, und es ist gut, dass meine Schwester verreist ist, sonst wär' gar kein Schlafplatz für den kleinen Hinko da. Als ich mich mit dem kleinen Hinko beschäftigte, fing er bald an zu plärren, und die Tante Waltraud schrie andauernd, der Hinko muss sich nicht vor mir fürchten; denn ich bin ein Cousin. Der kleine Hinko hat aber vielleicht noch nicht gewusst, dass ein Cousin was Gutes ist, und plärrte weiter. Alle standen jetzt drum rum und machten Faxen, und meine Mutter sagte, der kleine Hinko ist hier fremd und er muss erst einmal schlafen, wogegen sie mich mahnte, ein gutes Benehmen zu zeigen.

Am Sonntag war der kleine Hinko schon nicht mehr so fremd und er biss der Puppenstubenpuppe von meiner Schwester den Kopf ab. Ich sagte zum kleinen Hinko, so was macht man nicht, und es ist genauso, als wenn ich ihm den Kopf abbeiße. Der kleine Hinko lachte und die Tante Waltraud sagte, der kleine Geist macht viel Freude. Ich weiß nicht, ob das stimmt. Wenn der kleine Geist erst einmal ein großer Geist ist, wer weiß, welche Köpfe er nachher abbeißt. Die Tante erzählte meiner Mutter, dass der kleine Hinko auch manchmal ein Böcklein hat, und meine Mutter sollte erzählen, was sie mit meinem Böcklein gemacht hat. Mutter antwortete, dass sie es einfach nicht beachtet hat, und dann ginge das Böcklein von alleine weg. Die Tante erwiderte, sie hat nicht solche Nerven wie meine Mutter, sondern gibt dem kleinen Hinko entweder ein paar hinten drauf oder Schokolade.

Als wir mit dem Essen fast fertig waren, zog der kleine Hinko am Tischtuch, und der Pudding nebst Soße fiel auf den Teppich. Die Tante Waltraud trieb jetzt das Böcklein aus, und meine Mutter sprach, es ist doch ein Kind und den Teppich könnte man reinigen und wir müssten sowieso neue Teller kaufen. Onkel Emil sagte, Vater ist doch ein tüchtiger Arbeiter, und so einer holt den Schaden schon wieder raus. Als die Verwandten wegfuhren, riefen sie, es war sehr schön, und weil uns immer der Weg zu weit ist, müssen eben sie wiederkommen.

Als der übernächste Sonnabend nahte, kam ein Telegramm und meine Mutter sprach mit weinerlicher Stimme, dass wir uns den Ausflug zum Tierpark ersparen können, denn sonst nimmt Tante Anna uns das übel. An dem Tag, als uns die Tante Anna heimsuchte, sagte sie gleich, wir sollen keine Umstände machen, sie bleibt bloß bis zum nächsten Wochenende. Tante Anna hat erst einmal geguckt, was es alles Neues gibt, und nachher hat sie in der Küche meiner Mutter zugeflüstert, wieviel Freundinnen mein Vater früher hatte, und sie muss es ja wissen, weil er ihr Bruder ist. Meine Mutter antwortete, dass ihr nicht heiß wird, wenn sie es nicht weiß, und es war in der Jugendzeit. Als sie aber mit dem Vater allein war, sagte sie

ziemlich spitzig, dass sie von seiner Schwester ja schöne Dinge hört, und jetzt erst kommt es raus. Mein Vater antwortete, der alten Klatsche dreht er nochmal den Hals um. Meine Mutter entgegnete, er soll sich zusammenreißen und keinen Skandal machen, denn es ist ja schließlich seine Schwester.

Am Sonntag war die Tante Anna ganz schweigsam, aber sie lebte noch. Mein Vater hat sie vielleicht bloß angetippt. Eigentlich wollte sie auch gleich fahren, ist aber nicht gefahren, um uns nicht zu blamieren, weil gerade die Familie Rüssel kam und fragte, wie uns ihr neues Auto gefällt, es ist eine Luxuslimousine. Meine Eltern sagten, die Limousine ist sehr schön, wogegen ich erwiderte, dass sie zu breite Ritzen hat, wo sich der Dreck leicht festsetzt. Mutter zog die Frau Rüssel schnell ins Haus und sagte, es gibt gleich Kaffee, wogegen der Herr Rüssel meinem Vater das Auto erklärte und ihn fragte, ob er sich auch eins kauft. Mein Vater antwortete, dass er sich nichts daraus macht, und wir fahren lieber mit dem Fahrrad. Jetzt dachte die Tante Anna, sie muss meinem Vater beistehen, indem sie ausrief: Wenn der Vater nicht so viel Geld für Bücher und Briefmarken rausschmeißen tät, hätte er auch schon ein Auto und könnte jedes Wochenende die Tante Anna abholen. Darauf brummte mein Vater, das würde ihm noch fehlen.

Als die Rüsselfamilie wegfuhr, musste der Herr Rüssel erst Luft aufpumpen, und wunderte sich, wie das kommt. Ich sagte, vielleicht war die Last zu schwer. Die Frau Rüssel bekam einen roten Kopf und schmiss ihrem Gatten einen Blick zu. Auch winkte sie nachher nicht, sondern schaute hoheitsvoll geradeaus.

Die Besuche wären immer so weitergegangen, wenn mein Vater nicht ein Fernstudium aufgenommen hätte. Meine Mutter schrieb an alle Verwandten, wie schwer es für ihn am Wochenende ist, und er wird gleich wild, wenn einer nur ein bisschen laut murmelt. Seit dieser Zeit haben wir weniger Besuch, denn es möchte niemand gern längere Zeit bei einem Wilden hausen.

Wie wir eine Floh – GmbH gründeten

Die Menschen erfinden Namen, die gar nicht stimmen. Zum Beispiel nennen sie einen Markt, wo es schöne alte Sachen zu kaufen gibt, Flohmarkt. Ich war schon auf vielen Flohmärkten, aber Flöhe wurden nirgendwo angeboten. Nicht einmal in Mecklenburg.

Ich habe dieses Thema mit meinem Freund Schweine-Sigi besprochen und ihn gefragt, was man tun könnte, damit der Flohmarkt ein wirklicher Flohmarkt wird. Hin und her haben wir überlegt, bis sich Sigis rundes Angesicht erhellte.

„Wasserflöhe", schrie er. „Was meinst du, wieviel Aquarientalisten es gibt!"

„Mann, die fangen doch ihre Flöhe selbst!"

„Denkste, die müssen sie kaufen in Tierhandlungen. Und teuer sind die!"

Sigi behauptete, die werden sogar importiert. Importflöhe sind billiger. Es ist doch lehrreich, wenn man sich mit einem Fachmann wie Sigi unterhält. Er kennt in unserer Umgebung jede Menge Tümpel, wo sich Wasserflöhe fast totlatschen.

Wir gründeten eine „Floh GmbH" mit Sigi als Geschäftsführer. Der lange Schücht will das Markeding, wie er sagt, übernehmen, also erst einmal erkunden, wer Wasserflöhe braucht. Er hat die Sonja Zunder als Sekretärin angestellt, und alle in der Klasse sollen Adressen von Aquarienbesitzern sammeln. Ich persönlich werde eine Werbeagentur aufmachen, damit wir gleich groß in das Geschäft einsteigen.

Da es in diesem Sommer sehr heiß und oft schwül war, versprachen wir uns ein Millionengeschäft. Denn die Wasserflöhe müssten sich millionenhaft vermehrt haben.

Sogar die Bärbel Patzig wollte mitmachen. Sie würde gern ein Flohgedicht schreiben, und Sonja Zunders Vater, dem unsere zwei Friedhöfe unterstehen, könnte verschiedene Werbeschriften ablichten, sagte er. Ganz sicher war ich mir da nicht. Denn der verspricht den Himmel unter der Erde und niemand konnte bisher sagen, ob das stimmt. Wir aber versprechen Flöhe und die liefern wir, wenn's sein muss, frei Haus ohne Mehrwertsteuer.

Mein alter Freund Harald meinte:

„Ohne Damping wird das nischt."

„Ohne wen? Wer ist denn das?"

„Das ist nicht wer, Damping heißt Strategie."

„Mann, hör auf, wer will jetzt noch Geländespiele!"

„Quatsch, ihr müsst richtig rechnen. Wenn beim Tierfutterhändler ein Löffel lebende Wasserflöhe drei Euro kostet, dann dürft ihr nur einen Euro verlangen. Das ist Damping."

„Du Blödmann! Da zahlen wir ja drauf."

Aber Harald ist nicht so dumm. Er schlug auch vor, mehrere Verkaufsstellen zu gründen, also eine Flohmarkt-Kette wie Aldi oder Lidl. Dann erobern wir auch gleich den Weltmarkt.

So fingen wir an und als der nächste Flohmarkt in unserem Dorf bekannt gegeben wurde, ging's los.

Zuerst schrieb ich ein Flugblatt, das wir in jedem Haus verteilten. Der Text lautete:

„Liebe Wasserflohfreunde!

Wollt ihr euren Fischlein eine Freude bereiten, dann besucht den Stand unserer Firma „Floh – Gmbh" auf dem Schönleicher Flohmarkt. Garantiert frische Ware und billige Dampingpreise. Dieser Stand ist erstmalig, einmalig – also eine Weltneuheit. Greifen Sie zu!"

Alle fanden den Text cool, manche sogar supergeil. Der Geschäftsführer Schweine-Sigi teilte die Wasserflohfangbrigaden für die verschiedenen Tümpel ein, der lange Schücht, als Geschäftsboss, entwarf auf dem Zeichenblock mehrere Stände, den schönsten nahmen wir. Die Sonja Zunder hat ihrem Vater so die Ohren vollgehauen, bis er es nicht mehr hören konnte, und unsere Flugblätter zum Nulltarif ablichtete, also umsonst. Die brave Bärbel schrieb an die Ortszeitung *Schönleicher Nachrichten* ein Gedicht, worüber viele Leute weinen mussten. Es ging so:

Wanderer, der du bist
auf dem Wege unserer
schönen Heimat, achte
auf die Tümpel ringsumher,
die stillen Oasen
im Autoverkehr.
Horch, wie die Frösche quaken,
sieh, wie die Libellen tanzen
und zwischen dem Schilfrohr,
dem grünen,
Wasserflöhen als Imbiss dienen.
Wer aber nicht gern wandern will,
der lass es sein.
Wasserflöhe kauft man am besten
bei der Floh-GmbH
in Schönleichen ein.

Ich hätte nicht gedacht, wieviel Aquarienfreunde es gibt. Aus der ganzen Umgebung kamen sie, sogar aus der Hauptstadt. Für sie hat sich die Autofahrt gelohnt, denn sie sparten mehr als die Hälfte des Preises. Unser Stand war aber auch ein toller Anblick. Wir haben ihn umrahmt mit Schilfrohr, und eine Singegruppe sang das schöne Volkslied:

> „Spring, spring, spring,
> Wasserflöhlein spring!
> Über Stock und über Steine,
> brich dir aber nicht die Beine,
> danach in das kühle Nass,
> das macht Spasss!"

Der Verkauf war ein voller Erfolg, nur eins ärgerte mich. Der Schweine-Sigi, der sich wie der Wassergott Poseidon verkleidet hatte, langte manchmal unter den Ladentisch und verkaufte bunt eingewickelte Schächtelchen an bevorzugte Kunden, wie zum Beispiel an den fiesen Old Schätterhänd aus der Zehnten und an andere.

„Sigi", sagte ich, „das war aber nicht ausgemacht. Wasserflöhe sind genug da, keine Bückware!"

„Woher willst du wissen, dass da Wasserflöhe drin waren?"

„Was sonst?"

„Richtige Flöhe. Handverlesen von unseren Dorfkötern. Wir müssen ja unser Flohsortiment langsam erweitern!"

Eins muss man dem Schweine-Sigi lassen. Er hat schon den Weitblick wie ein richtiger Kapitalist.

Warum ich mir aus lauter Trotz einen Bandwurm zugelegt habe

Nach Benno Raschkes Treppenfahrt hat sich tatsächlich allerhand geändert. Auf dem Hof und in den Fluren standen jetzt überall die Großen aus der Zehnten und passten auf, ob wir richtig gehen, nicht rumtoben, keine Papierchen wegschmeißen, das Schreien unterlassen, immer richtig antreten, dabei nicht schubsen und die Pausen einhalten und uns überhaupt wie erwachsene Erwachsene benehmen. Die Ordner hatten schon am ersten Tag weiße Armbinden um und waren gestempelt, nämlich mit der Aufschrift „Ordner". Denn wenn es darum geht, die Schüler zu ärgern, ist alles da, sogar Armbinden. Und was das Schlimmste war: Als Hauptmann der Ordnungstruppe bestimmte der Herr Direktor Keiler den Klassenleiter der Zehnten, den strengen Herrn Luschmil.

Auch Mädchen gehören zu den Ordnungsorganen, bloß haben die Mädchenorgane eine andere Funktion als die männlichen. Sie lassen sich Hände und andere Körperteile nebst Essbestecken vorzeigen, und wenn sie nicht sauber sind, darf man nicht an die Schulspeisung.

So kam es, dass die Cornelia Wack zu mir sagte, ich soll vorzeigen. Ich antwortete: „Als ich klein war, hab ich vorgezeigt, jetzt lass ich suchen."

Die Cornelia schrieb mich gleich auf, und weil ich mir nichts daraus mache, ging ich eben nicht essen.

Ich machte mein Gesicht ein bisschen nass und bestrich es

mit Kreide. Als es trocken war, hatten wir Unterricht bei unserer etwas schwachsichtigen Frau Pitthuhn. Sie fragte gleich, wovon ich so blass bin und ob mir übel ist. Mein Freund Harald machte das Theater mit und erklärte meinen besonderen Grund. „Der Ottokar durfte nicht zum Essen, und jetzt ist ihm vielleicht vor Hunger schlecht geworden. So was gibt's." Die Bärbel Patzig hob gleich misstrauisch den Kopf, aber die Frau Pitthuhn befahl dem Harald, mich schnell zu begleiten, erst ein bisschen an die Luft und dann zum Essen, und wir sollen der Küchenfrau sagen, dass alles in Ordnung geht.

Draußen war mir überhaupt nicht mehr übel und wir taten, was uns die Frau Pitthuhn befohlen hat, bloß umgekehrt. Zuerst gingen wir in die Küche und der Harald sagte, uns schickt

die Frau Pitthuhn, weil bei mir was nicht in Ordnung ist und ich schnell etwas essen muss. Die Küchenfrau war sehr froh darüber, dass jemand freiwillig noch essen will, und gab aus. Auch der Harald aß noch einmal mit; denn er hat einen genauso gesunden Magen wie ich und verträgt sogar die Schulspeisung. Als wir fertig waren, gingen wir zur Verdauung über und an die frische Luft, wie uns die Frau Pitthuhn geheißen hat.

In der nächsten Pause sagte die Frau Pitthuhn, jetzt gefall' ich ihr besser. Aber da tauchte der Herr Luschmil auf und dem gefiel ich nicht, denn er war Aufsichtslehrer, und die Cornelia hatte mich bei ihm schon angezeigt. Er kam schön steif und aufrecht auf mich zu und fragte streng, warum ich der Cornelia nicht gehorcht habe. Ich dachte, das Beste ist, wenn ich nicht gleich verstehe, was er wohl meint und fragte unschuldig: „Wieso?"

Der Herr Luschmil entgegnete, dass nicht ich, sondern er die Fragen stellt. Deshalb antwortete ich vorsichtshalber: „Ach so!" Aber das war auch nicht richtig und so musste ich mir eine Predigt anhören. Der Herr Luschmil sprach gerade das Gebot auf: Du sollst diszipliniert sein und nicht immer widersprechen. Und wie er zum 37. Gebot übergehen wollte, warf sich die Frau Pitthuhn dazwischen und rief, der Herr Luschmil muss nicht so hart sein, denn dem Ottokar war vorhin so schlecht und schwindlig. Das kommt davon, weil der Junge nicht zum Essen durfte. Der Herr Luschmil erwiderte, er kennt mich und er glaubt mir nur, dass ich meistens schwindle.

Der Harald meinte nachher zu mir, dass es noch einmal gut gegangen wäre. Ich sagte, mir tut jetzt die Frau Pitthuhn Leid, weil ihr der Herr Luschmil sicher alles zustecken wird, und es wird wohl angebracht sein, ihr mal im Garten beim Umgraben oder beim Kohlenreintragen zu helfen.

Das Schlimmste ist, dass jetzt sogar unsere Toiletten und andere illegale Treffs von Ordnern beobachtet werden. Die Toilette ist nämlich ein Ort, wo sich gern begabte Schüler aufhalten, zum Beispiel Junge Malkünstler, Junge Raucher, Junge Musiker, Junge Kundschafter, Junge Tauscher und Händler und andere Zirkelmitglieder. Das ist jetzt schwieriger, weil Junge Ordner aufpassen. Und dabei geschah folgendes: Ich hatte wieder einmal Lust, unserem Toilettenklub einen Besuch abzustatten, und der Schweine-Sigi sagte, er wird mich als Gevatter begleiten. Wie wir gerade so schön saßen und ein interessantes Thema besprachen, nämlich den Bandwurm, welcher im Biologieraum aufbewahrt ist, da sahen wir jemand heranschleichen. Es war der Ordnungsschüler Speckmann, der an unserer Tür lauschte, und wir erkannten ihn gleich von unten an seinen dreckigen Schuhen.

Deshalb sagte ich zum Schweine-Sigi: „Es ist gut, dass wir mal allein sind. Ich verrate dir jetzt ein Geheimnis. Ich habe einen Bandwurm und unser Herr Brettl als Bio-Lehrer wird sich freuen, wenn er bald Zuwachs erhält."

Der Schweine-Sigi hat gleich erraten, warum ich so spinne, und antwortete: „Ich möchte mir auch einen zulegen, aber ich weiß nicht, wie man das anfängt."

Ich sprach: „Du bist noch zu jung und überhaupt zu klein. Die aus der zehnten Klasse sind anfälliger für die Empfängnis von Bandwürmern und dort vermehren sie sich auch leichter. Ich hab das in einem Gesundheitsbuch gelesen."

Der Schweine-Sigi wollte jetzt wissen, wie sich ein Band-

wurm fortpflanzt. Ich klärte ihn auf und antwortete: „Das ist verschieden, meistens durch Ansteckung, und dazu genügen schon ein Paar dreckige Schuhe wie die vom Speckmann. Man kann sich auch auf der Toilette anstecken. Damit das nicht geschieht, hat man Ordner als Bandwurmverhüter aufgestellt."

Als der Ordner Speckmann das hörte, rannte er weg. Er kam aber bald wieder, holte uns raus und befahl, wir sollen gleich zum Herrn Direktor Keiler kommen.

Der Speckmann sagte dann ganz aufgeregt zum Direktor, das ist er, und er zeigte auf mich. Der Herr Direktor schickte dann den Ordner wieder auf seinen schweren Posten, ist dann ein bisschen hin und her gegangen, wobei er mich hin und wieder beschaute. Als er nichts Verdächtiges entdeckte, fragte er mich, ob mir öfter übel ist. Ich dachte, am besten ist, man macht ein nachdenkendes Antlitz, aber der Schweine-Sigi wollte mir beistehen und antwortete, dass mir gestern bei Frau Pitthuhn übel war, auch war ich ganz blass. Der Herr Direktor ließ jetzt die Frau Pitthuhn holen. Sie kam ziemlich schnell angesprungen, und als sie mich sah, fragte sie gleich, ob mir heute wieder schlecht war. Ich antwortete, heute nicht so. Die Frau Pitthuhn erzählte dem Herrn Direktor, wie blass ich gestern aussah, und sie hat sich schon Sorgen gemacht. Der Herr Direktor antwortete, dann ist also doch was dran, und er schickte uns einen Augenblick raus. Draußen hörten wir, wie der Herr Keiler zur Frau Pitthuhn sprach: „Der Domma hat wahrscheinlich einen Bandwurm und man muss was unternehmen." Auch befahl er der Frau Pitthuhn, sie soll sich um mich kümmern und zum Arzt schicken. Er ruft gleich die Poliklinik an. Und so musste ich mit dem Schweine-Sigi abdampfen.

Als wir zur Poliklinik kamen, wusste der Arzt schon Bescheid. Es warteten viele Leute und darum untersuchte er uns erst gar nicht, sondern gab uns ein Rezept für die Apotheke, und ich soll es vorschriftsmäßig einnehmen und auf der Toilette aufpassen.

Ich dachte, es genügt, wenn die Ordnungsschüler auf der Toilette aufpassen, und das Bandwurmmittel holen wir gar nicht erst ab. So sparen wir Geld. Es reicht, wenn meine Tante Anna dauernd alle Medizinen und Pillen schluckt. Denn sie hat wirklich ein schweres Kopfleiden. Es heißt Hüpochondrismus oder so.

Nach diesem Bandwurmquatsch wurde uns verboten, unsere Toilette zu besuchen, bis alles neu deskonfektioniert ist, und wir durften zum ersten Mal die Lehrertoilette mit benutzen.

Sie war schön weiß und viel sauberer und sogar mit richtigem Toilettenpapier geschmückt. Mein Freund Harald sprach darum zu mir: „Als Mensch gönne ich unseren Lehrern diesen schönen Kulturraum, aber als Schüler muss ich sagen: Der Kampf um die Gleichberechtigung für alle Teile geht weiter."

Warum Bandwürmer und Lügen kurze Beine haben.

Als ich nach der Bandwurmspinnerei von der Schule nach Hause kam, dachte ich mir, es ist vielleicht besser, wenn ich am nächsten Tag nicht zur Schule gehe, und weil ich noch nie in meinem langen Leben geschwänzt habe, musste ich mir überlegen, wie ich es meiner Mutter beibringe. Bei meinem Vater hat es gar keinen Zweck. Der hat dafür meistens ein Sprichwort. Es lautet: „Wer einen Willen hat, überwindet alles!" Wenn aber seine Frau, meine geborene Mutter, für mich ein Wort einlegt, gibt er nach und brummelt das Sprichwort zu sich selbst. Der Schweine-Sigi versprach mir, mich nicht zu verraten, und er wird es auch mit meinem Freund Harald besprechen, damit nichts Blödes dazwischenkommt. Zu Hause hatte meine Mutter gerade Mittagspause. Ich bin ein bisschen schwach dahergekommen, ging gleich in die Sitzecke am Ofen und guckte bloß so vor mich hin. Meine Mutter brachte Erdbeerkompott, was ich für mein Leben gern esse, aber ich dachte an meinen falschen Bandwurm und rührte mich nicht.

Die Mutter fragte: „Du bist doch wohl nicht krank?", und sie fasste mich an die Stirn. Ich sprach traurig, dass ich gesund bin wie ein Fisch im Wasser, bloß das Fräulein Heidenröslein fehlt uns, dann hätten wir uns keine Bandwurmkrankheit auszudenken müssen. Aber eine richtige Mutter glaubt ja so was nicht und deshalb befal sie, ich soll mich hinlegen. Sie meinte, ich rede schon ganz irres Zeug von Bandwürmern und so, und fragte, wo es mir weh tut. Ich antwortete, mir fehlt nichts, aber ich will trotzdem gehorchen und mich ein bisschen hinlegen. Jetzt wusste meine Mutter, dass ich richtig krank bin. Sie kochte mir einen Kamillentee, weil sie denkt, er hilft für alles.

Danach schlich sie aus meinem Kabuffchen und flüsterte, dass sie in drei Stunden wieder hier ist, und der Tee wird mir guttun. Ich dachte, das wird sich erst in ein paar Tagen herausstellen.

Nachmittags kam meine Schwester angetrampelt und schrie herum, dass in der Schule alle sagen, ich habe einen Bandwurm, ob das stimmt? Ich fragte sie, ob sie es schon den Eltern erzählt hat? Sie sagte, noch nicht, aber sie wird es schon noch erzählen. Ich holte jetzt meine Filzstifte hervor und versprach, sie ihr zu schenken, wenn sie von dem Bandwurm nichts erzählt. Sie antwortete, wenn es so ist, macht sie mit, aber sie will den Bandwurm sehen. Ich versprach, ihr den Bandwurm sogar zu vererben, und dass man ihn dressieren kann wie es der Fakir mit der Schlange macht. Meine Schwester glaubte es und sagte, sie wird schweigen.

Abends kam erst die Mutter und etwas später der Vater. Sie sagte zu ihm, mit dem Jungen stimmt was nicht, er war den ganzen Tag so komisch. Das Beste wird sein, der Ottokar bleibt mal einen Tag zu Hause. Der Vater antwortete, ich soll mich nicht so haben, denn wer einen Willen hat, überwindet alles. Die Mutter entgegnete, dass ich nicht so ein kräftiger Kerl bin wie der Vater, sondern noch ein Kind, und er soll das nicht vergessen.

Dann betrat der Vater mein Kabuffchen und fragte, was los ist. Ich erhob mich ganz langsam und rief, dass ich noch meine Schularbeiten machen muss. Der Vater glaubte jetzt auch an

meinen starken Willen. Darum drückte er mich in die Kissen
und befahl der Mutter, sich endlich um mich zu kümmern,
und sie hätte mich nicht allein lassen sollen. Der Vater redete
noch ein bisschen auf sie ein, und es dauerte nicht lange, da
brachte mir die Mutter eine schöne Milchsuppe. Ich habe etwas gegessen, damit ich nicht ganz abmagere.

Am nächsten Tag musste ich zu Hause bleiben. Erst war es schön, aber als meine Mutter nach der Mittagspause wieder zur Arbeit ging, war es langweilig. Ein Glück, dass mein Freund Harald auftauchte. Er sagte, er weiß alles. Als Klassensprecher muss er mich kritisieren, aber als mein bester Freund und Mensch will er mich begnadigen und im Bett liegen lassen. Er hat mir die Aufgaben mitgebracht, wir erledigten sie und versprachen einander ewige Treue.

Als die Eltern abends zu Hause waren, rief ich, wie gut es mir schon geht, und dass ich morgen wieder zur Schule will. Der Vater antwortete, ich soll nicht leichtsinnig sein und noch einen Tag liegen bleiben. Wer einen Willen hat, überwindet auch die Lernlust. Außerdem hat die Mutter schon einen Entschuldigungszettel geschrieben und der Herr Burschelmann wünscht mir Besserung.

Am dritten Tag meiner schweren Krankheit war es noch langweiliger und ich freute mich auf Harald. Aber es kam nicht der Harald, sondern seine Vertretung, Juliana Bock. Sie sagte, dass der Harald mit seiner Mutter weg ist wegen einer neuen Hose, deshalb bringt sie die Schularbeiten, und sie möchte wissen, ob der Bandwurm schon raus ist. Auch setzte sie sich zu mir ans Bett. Ich dachte, dass ich der Juliana viel lieber einen Bandwurm schenken würde als meiner Schwester, aber weil ich sie nicht anlügen wollte, erzählte ich ihr von meiner Erfindung. Und wie alles kam. Darüber musste sie mächtig lachen, wobei sie ihren hübschen Kopf auf meine Decke schmiss. Ich hab sogar meine Hand ein bisschen draufgelegt, er war schön warm. Wenn jetzt nicht der Schweine-Sigi gekommen wäre, hätte ich meine Hand nicht so schnell weggenommen.

Der Schweine-Sigi erzählte mir, dass ihn der Herr Burschelmann vorgenommen hat, und wissen wollte, ob ich wirklich
krank bin. Der Sigi hat aus Freundschaft gelogen und deshalb
kann ich ruhig noch einen Tag zu Hause bleiben. Morgen ist
sowieso Sonnabend.

Ich sagte, wenn es so ist, dann muss ich heute Abend meinem Vater einen starken Mann vorspielen, sonst duldet er
nicht, dass ich noch einen Tag gammle.

Als wir mit den Schularbeiten fertig waren, zogen sie wieder
los. Draußen hörte ich, wie die Juliana Bock zum Schweine-
Sigi sagte, sie hat ihr Heft liegen lassen. Deshalb kam sie noch
einmal zurück. Erst guckte sie und guckte, aber dann fiel ihr
ein, dass sie ihr Heft schon eingesteckt hat. Sie gab mir dafür
einen Kaugummi, und zwar mit rotem Kopf. Auch darf ich sie
wirklich Jule nennen, wenn ich will, aber nicht, wenn die an-

deren dabei sind. Ich antwortete mit verbrannten Ohren: „Tschüss, Jule!"

Mein Vater staunte nur so, wie ich mit dem Schlafanzug ein paar kräftige Kniebeugen machte und zu ihm sprach: „Wer einen Willen hat, überwindet alles, und mir reicht diese elende Gammelei."

Die Mutter schrie, ich soll sofort wieder ins Bett, und der Vater gab ihr sogar Recht, und ich soll nicht den starken Mann markieren, denn noch bin ich ein Kind. Ob ich das verstanden habe? Ich antwortete lieber nichts darauf, weil das bei einem schreienden Vater sowieso keinen Zweck hat.

Dann freute ich mich schon auf den Besuch von Jule, natürlich wegen der Schularbeiten und nicht, was einer vielleicht denkt. Aber auf einmal stand der Herr Burschelmann im Kabuffchen. Er setzte sich mit seinem schweren Gesäß gleich aufs Bett und fragte, wie es geht. Ich dachte, sicher ist sicher, und antwortete: „Wenn ich so liege, geht es." Er glaubte es vielleicht auch und sah sich um und wollte wissen, was ich gegen den Bandwurm einnehme. Ich machte vorsichtshalber meine Augendeckel zu und als ich sie wieder öffnete, sah mich der Herr Burschelmann an, und wie! Jetzt fiel mir das Sprichwort vom Vater ein, und so hab ich mich doch noch überwunden, indem ich ein Geständnis ablegte. Das war ziemlich ekelhaft!

Der Herr Burschelmann stand auf und sprach zum Fenster raus, dass er das längst wüsste, und er wollte nur hören, wie lange ich den Schwindel aushalte. Weil ich ihm aber die Wahrheit gesagt habe, denkt er, bei mir ist Hopfen und Malz noch nicht verloren. Er ging eine Weile wütend hin und her und wie er genug über mein Verbrechen nachgedacht hat, sagte er knurrig, am Montag will er sehen, ob ich wenigstens zu Hause gelernt habe, und er wird mich gleich vornehmen. Vor Wut vergaß er, mir froh Auf Wiedersehen zu wünschen. Bloß an der Tür drehte sich der Herr Burschelmann noch einmal um und befahl: „Am Montag wirst du mir melden: „Bandwurm erledigt, verstanden!" Ich nickte.

Als der Herr Burschelmann draußen war, dachte ich, aus ihm wird vielleicht doch noch ein ganz guter Ober-Lehrer. Man kann mit ihm nicht nur Pferde, sondern auch Bandwürmer stehlen.

Wie wir Handymaster wurden

Es gibt ein Märchen, welches von einem singenden Bäumchen handelt. Als ich das lesen konnte, war ich noch klein und glaubte an solche Geschichten. Aber inzwischen bin ich auf Schuhgröße 40 herangewachsen und kam auf die Idee, ein modernes Märchen zu schreiben, nämlich über die klingelnden Menschen. Eigentlich ist es gar kein Märchen, ich erzähl' es trotzdem.

Eines Tages kam der Onkel Artur, der sich jetzt Aaser nennt, auf einen Autosprung zu Besuch, um uns seinen neuen Gebrauchtwagen vorzuführen. Er hupte drei Mal laut, damit wir ihn auch nicht überhören, stieg aus und kam lässig schlenkernd auf uns zu.

„Hällo", rief er und haute meinem Vater ins Kreuz und nannte meine Mutter „altes Mädchen". Weil der Mutter vor Überraschung nichts anderes einfiel, fragte sie: „Wo kommst du denn her, Artur?", wogegen mein Vater gleich erriet: „Hat dir deine Liesl wohl mal frei gegeben!" Der Onkel schob seinen Kaugummi in die linke Backe, weil er wusste, mein Vater ist ein Linker und brüllte: „Wauoo, ihr lebt ja noch!" Er knallte sich in der Veranda auf den alten Schaukelstuhl, streckte seine Beine aus und seine Pratzen in die Hosentasche. „Tja", ließ er uns wissen, „bin auf einer Geschäftsreise und wollte mal sehen, wie es euch geht."

Auf solch dumme Fragen geben meine Eltern immer die ausführliche Antwort: „Na, wie es eben so geht." Das reichte dem Onkel. Plötzlich fing er an zu klingeln. Es kam aus seinem Körper. „Das wird geschäftlich sein", sagte er und griff in seine Brusttasche, zog ein schwarzes Telefonchen heraus und sprach da hinein: „Hällooo, hier ist Aaser Patschke", um uns in der nächsten Sekunde zuzuflüstern: „Das ist wahrscheinlich Lyssi!" So nennt sich jetzt Liesl, seine Frau. Die Liesl muss ihm Dampf gemacht haben. Sie krähte so laut, dass wir die ersten Sätze sogar verstehen konnten. Wo er sich wieder rumtreibt und ob sie jetzt wohl die Fenster alleine putzen soll. Onkel Aaser, kein Dummer, schaltete die Stimme gleich aus und redete trotzdem weiter: „Aber sicher, gnädige Frau, ich schau mal in meinem Terminkalender nach." Er zog ein Büchlein aus

der Tasche, bis er der gnädigen Frau sagen konnte: „Am 22. wenn's recht ist. Danke!" Mein Vater grinste über den Angeber, aber Mutter, die das erste Mal so was erlebte, meinte: „Das ist ja schrecklich, mit dem Ding, da bist du ja nie allein."

„Kannst du damit auch auf der Toilette telefonieren?", fragte ich den Onkel.

„Na und ob! Von überall, aus Mallorca, Paris, Treuenprietzen und anderen Großstädten."

Und da Onkel Aaser nur sehen wollte, wie es uns geht und zufrieden war, dass wir noch leben, sprang er plötzlich auf und meinte, er muss leider gleich weiter, die Geschäfte, ihr wisst. Er rief uns aus dem Auto noch „So long!" zu und griff im Wegfahren wieder zu seinem Handy. Vielleicht sagte er zu seiner Lyssi: Musst du Weibsild mir dauernd nachspionieren? Sein wütendes Gesicht sah jedenfalls danach aus.

Man kann sagen, was man will, praktisch ist so ein Handy. Meine Eltern denken anders darüber. Der Vater telefoniert sowieso nicht gern und schickt immer die Mutter, sobald es klingelt. Die Mutter hat sich schon daran gewöhnt und ist froh, wenn jemand mit ihr redet; die Oma traut sich gar nicht den Hörer abzunehmen, weil sie nicht weiß, was man da hineinreden soll, der Opa kann das Telefon nicht ausstehen. Er lässt es entweder klingeln oder legt den Hörer daneben und sagt: „Immer quatscht man." Ist er allein zu Hause, geht er manchmal doch ran, nennt aber seinen Namen nicht und fragt dauernd: „Wie? Was? Wer?" Und beendet das Gespräch mit: „Ich versteh' kein Wort, rufen Sie morgen an."

Ich kann mir aber vorstellen, dass ein Handy sehr praktisch ist. Zum Beispiel für Liebespaare, betrunkene Ehemänner, arbeitslose Millionärinnen, Killer, geheime Polizisten und andere hohe Persönlichkeiten. Die Gerlinde Zimmer, genannt Zimmerlinde, wird jeden Tag von verschiedenen Liebhabern angerufen. Das kann man nicht mehr anhören, das muss man sehen. Sie telefoniert nur im Liegen. Ich war einmal bei ihr, um ihr mitzuteilen, dass Old Shätterhänd sie grüßen lässt. „Er hat auch ein Handy wie du und lässt dir sagen, dass du ihn mal anrufen möchtest."

„Kennst du seine Nummer?"

„Moment, hab ich aufgeschrieben. Es ist die Nummer 6 47 70 77."

Die Zimmerlinde wählte: „Da meldet sich keiner."

„Ach ja, ist die falsche. Moment, hab noch einen Zettel. Hier, die Nummer 12 36 65 88 24." (Diese Nummer hat mir die brave Bärbel gegeben, deren Mutter öfter mit dem Herrn Bittergalle telefoniert.)

Gerlinde wählte. Bevor Herr Bittergalle sagen konnte, wer er ist, schrie die Zimmerlinde schon:

„Eeeei, du Schwachkopf, was willst'n?"

„Eine Frechheit", hörten wir beide die bekannte Lehrerstimme. Die Zimmerlinde legte schnell auf und schrie, ich sei gemein und habe ihr mit Absicht eine falsche Nummer gegeben. „Wenn der jetzt meine Stimme erkannt hat?"

„Das kann schon sein. Als Klassensprecherin der Zehnten musst du ja dauernd mit ihm was bekakeln. Am besten ist, du entschuldigst dich morgen früh gleich bei ihm und sagst, mit Schwachkopf hast du jemand anders gemeint."

„Hau ab!", schrie die Gerlinde und rempelte mich zur Tür raus. Wie unhöflich, dabei soll sie froh sein, dass sich bei der ersten Nummer keiner gemeldet hat, es war die vom Herrn Burschelmann.

Ich gebe ja zu, dass solche Spiele nicht anständig sind, aber sie machen Spaß. Einmal rief mich der Harald zu Hause an und fragte, ob ich mitkommen möchte. Seine Eltern machen eine Spritztour nach Polen. Für mich sei noch ein Platz frei. Mal sehen, sagte ich, muss ich meinen Vater fragen. Das tat ich.

„Was willst du denn in Polen? Hast du keine Schularbeiten auf?"

„Papa, morgen ist doch Sonnabend!"

„Auch Sonnabends muss man Schularbeiten machen." Die Antwort hab ich erwartet. Also ging ich zu meiner Mutter. „Hast du was dagegen, wenn ich morgen mit Harald und seinen Eltern nach Polen fahre?"

„Ach, na ja, warum nicht?", sagte sie. „Aber frag erst deinen Vater."

„Papa will, dass ich Schularbeiten mache."

„Morgen ist doch Sonnabend! Hast du denn so viel auf?"

„Eigentlich keine. Aber du kennst ja Papa."

Weil Mama den Papa kennt, versuchte sie ihr Glück für mich. Sie müssen ziemlich lange darüber geredet haben, bis er einwilligte und mir befahl, mich ja anständig zu benehmen! „Und zieh dir was Ordentliches an! Und schrei nicht so, es müssen ja nicht alle mitkriegen, aus welchem Land du kommst!" Auf dem Markt sollte ich nur nicht alles anfassen!

Einen Zehner bekam ich auch, aber nicht für Zigaretten!

„Und höflich sein", betonte die Mutter, „kannst du wenigstens auf Polnisch bitte und danke sagen?"

„Neee, nur auf Russisch!"

„Das lass lieber sein!", warnte Vater. Warum, sagte er nicht.

Harald hatte auch solche Belehrungen bekommen, dazu die Anweisung: „Schwirrt nicht überall rum, haltet euch an uns!"

„So lange wir noch an der Leine der Eltern hängen, hat es keinen Zweck auszuflippen", meinte Harald.

Die Fahrt war sehr interessant, auf dem Budenmarkt gab es fast alles, das meiste sogar billiger als bei uns. Ich habe mir erst mal eine Wurst gekauft. Sie schmeckte mir so gut, dass ich gleich noch einen ganzen Ring gekauft habe. Vater ist ein Wurstesser. Für Mutter fand ich ein großes Pfefferkuchenherz, sogar mit der deutschen Aufschrift „Ich liebe dich". Haralds Eltern drängten schon, sie wollten nach Hause.

Plötzlich rief der Harald: „Ottokar, komm mal, hier gibt es Handys, gar nicht teuer." Sein Vater wurde auch neugierig, die Verkäuferin stürzte sich gleich auf uns und sagte:

„Das ist scheen, fir Schule und fir Spaß! Wenn ihr wollt Master werden." Es war zwar kein richtiges Handy, sondern nur eins zum Rechnen, aber wenn man auf einen roten Knopf drückte, klingelte es laut und vernehmlich.

Harald und ich erkannten gleich, was man damit alles anstellen kann. Sein Vater, der plötzlich auch wieder ein Kind wurde, schenkte seinem Sohn eins. Ich schenkte mir auch eins, denn ich hatte noch etwas Taschengeld, wovon die Eltern ja nichts wissen mussten. „Macht aber keine Dummheiten damit und nicht in die Schule mitnehmen, habt ihr verstanden?!"

„Na klar", sagten wir.

Beim Grenzübergang wollte uns der Polizist schon weiterfahren lassen, doch Harald sagte zu ihm:

„Wir haben nur zwei Handys, aber keine Zigaretten." Da wurde er misstrauisch und winkte uns auf einen anderen Platz. Einer vom Zoll befahl uns auszusteigen. Er wühlte alle Taschen durch und schaute auch in andere Ecken des Autos. Zigaretten fand er leider keine, aber die Handys. Er spielte ein bisschen damit herum und meinte dann ganz friedlich: „Nicht schlecht." Dann durften wir weiterfahren. Haralds Vater sagte aber gar nicht friedlich zu seinem Sohn: „Kannst du deinen vorlauten Mund nicht halten? Jetzt haben wir eine Menge Zeit verloren!"

Meine Eltern freuten sich über die Geschenke, aber zu dem Handy sagte Vater: „Was Dümmeres konntest du dir wohl nicht kaufen!", danach spielte er ein Stündchen damit und sagte dann aber: „Zur Schule wird das aber nicht mitgenommen, sonst klaut dir das noch einer!"

Am Montag begannen Harald und ich gleich unser Mastertraining und zwar in der Straßenbahn. Wir setzten uns getrennt. Harald zwei Bänke vor mir. Wie besprochen, ließ ich mein Handy zuerst klingeln. Die Frau neben mir erschrak schon mal schön ordentlich. Ich holte mein Handy aus der Hosentasche und fragte: „Ja, bitte?" Der Harald, vor mir, wollte wissen, ob ich meine Schularbeiten schon gemacht hätte.

„Ach du bist es", antwortete ich laut, weil doch die Straßenbahn so laut ratterte. „Die Schularbeiten und die Lehrer können mich mal…"

„Mich auch", tönte jetzt auch der Harald. „Der Bittergalle guckt sie sowieso nicht an. Der will uns doch nur den Sonntag versauen."

Die Leute in der Bahn lauschten neugierig, einige schüttelten schon böse den Kopf. Wir setzten das Gespräch über die Lehrer fort. Schließlich begann eine Frau zu schimpfen: „Das gibt's doch nicht. Ich möchte nicht die Mutter dieser frechen Bengel sein!"

Darauf teilte ich dem Harald mit: „Du, da sitzt eine, die möchte nicht deine Mutter sein."

Harald erwiderte cool: „Ich möchte die auch nicht haben, meine gefällt mir besser."

„Vielleicht sitzt hier auch ein Vater, der uns nicht möchte", brüllte ich.

„Meinetwegen können drei hier sitzen, Väter kann man nicht genug haben", tönte Harald zurück.

Jetzt fingen fast alle an, mit dem Kopf zu schütteln.

Dabei klagten sie sich gegenseitig, wie verdorben wir wären und waren sich einig, dass man unsere Eltern erziehen müsste, schon mal wegen der Handys, und überhaupt wegen der fehlenden Zucht und Ordnung. Früher bekamen die Kinder dafür Ohrfeigen.

„Und das hat denen bestimmt nicht geschadet", meinte Harald und schloss das interessante Gespräch mit: „Man sieht sich, Ottokar."

Die Leute in unserer Klasse waren echt neidisch auf die Handys und wollten unbedingt am nächsten Wochenende nach Polen fahren. Der Schweine-Sigi bat mich, das Ding mal ausprobieren zu dürfen. Ich erlaubte es. „Aber nicht beim Herrn Burschelmann, bei den anderen Lehrern meinetwegen", warnte ich ihn.

Als der Herr Schlurf wie immer müde in die Klasse kam und noch überlegte, was heute dran ist, klingelte es aus Schweine-Sigis Bauch. Er zog strahlend mein Handy aus dem Pullover und rief dem Schlurf zu: „Was halten Sie davon, wenn wir einen Lehrgang zu uns machen? Ist ja nicht weit. Unsere Sau hat nämlich geworfen."

Alle riefen „Jaaa", auch dem Schlurf gefiel diese Idee.

„Aber warum rufst du mich per Handy an, ist ja Geldvergeudung!" So Unrecht hat er nicht, wenn er auch von dieser Technik keine Ahnung hat. Ein Grüner bleibt eben ein Grüner, deshalb fährt er auch nur Fahrrad.

Jetzt wollten alle mal mit unseren Handys spielen. Der lange Schücht und die Sonja Zunder waren die nächsten. „Eeeei", rief der Schücht, nachdem es in seiner Hose geklingelt hat. „Na du", antwortete die Sonja, „meinst du mich?"

„Na wen denn sonst? Gehen wir nach der Schule mal was schlecken?"

„Wo denn?"

„Na beim Italiener."

„Zahlst du?"

„Fiftififti!"

„Geizkragen, bist ja noch geiziger als der Burschi!"

„Soo", sagte der Herr Burschelmann, der unbemerkt schon in der Tür stand. „Soll ich mit dir vielleicht ins Adlon gehen?"

Sonja bekam einen Schreck und ließ das Handy gleich in ihren Ausschnitt fallen.

„Zeig mal her!", verlangte der Burschi.

„Die zeigt nicht, die lässt suchen!", rief ich, um die Sonja zu retten.

„Du halt deine Klappe", verwarnte mich der Lehrer und ließ bei Sonja nicht locker: „Zeig schon, leg den Gegenstand auf den Tisch, sonst schick ich dich zum Direktor. Der fackelt nicht lange."

Bloß das nicht, dachte ich und rief ihr zu: „Zeig schon, ist ja meins, nicht deins."

Burschelmann nahm das Handy und entdeckte gleich den nützlichen Wert. Ist eben ein Mathelehrer. Er gab es mir zurück und versprach mir: „Wenn du dieses Superhirn noch mal mitbringst, zerleg ich es in alle Einzelteile. Dann kannst du suchen, wo sie hingehören."

War der lange Schücht froh, dass er nicht erwischt wurde. Burschelmann hätte ihn auch zerlegt.

Für den Anfang war das Experiment nicht schlecht, meinte der Harald. Das Handy erobert die Welt. Aber die Schule ist doch noch ziemlich rückständig. Schon vor einem Spielzeug haben die Lehrer Angst. Die wissen gar nicht, wie gut es ihnen ginge, wenn alle Schüler ein Handy hätten. Sie könnten früh morgens schön im Bett liegen bleiben, uns anrufen und einige Aufgaben stellen. Die Lehrer brauchten nur kurz ihren Schlaf zu unterbrechen, und schon haben sie wieder Ruhe vor uns. Und der Staat spart Geld.

„Und wer soll die Telefongebühren bezahlen?", wandte ich ein.

„Na wer schon, wir doch nicht. Oder glaubst du, dass auch nur ein Schüler zurückrufen würde, um sich für die Aufgaben zu bedanken?"

Wir sind eben richtige Master, jedenfalls was die Handys betrifft.

Aber ein Märchen ist meine Geschichte wohl nicht geworden. Eher ein Stück aus dem wirklichen Leben.

Inhaltsverzeichnis

Quellenangabe:

Wie mein Vater meine Geburt förderte
(aus: Ottokar, das Schlitzohr)

Wie sich ein braver Schüler verhalten muss
(aus: Ottokar, das Schlitzohr)

Wie man unsere Zeugnisse sieht
(aus: Ottokar, der Philosoph)

Wie man ein schönes Wochenende verbringt
(aus: Ottokar, das Früchtchen)

Wie wir eine Floh-GmbH gründeten
(aus: Ottokar, das Schlitzohr)

Warum ich mir aus lauter Trotz einen Bandwurm zugelegt
habe
(aus: Ottokar, der Weltverbesserer)

Warum Bandwürmer und Lügen kurze Beine haben
(aus: Ottokar, der Weltverbesserer)

Der verzauberte Einbrecher

von Christa Kožik

15 cm x 20,5 cm
€ 7,90/sFr. 14,80/öS 8,20*
ISBN 3-928885-64-2

Christoph ist nicht sehr groß und nicht sehr stark und trägt eine Brille. Sein größter Schatz ist ein großer Schrank voller Bücher. Doch plötzlich kommt der Einbrecher! Christoph ist tapfer und weiß sich zu helfen.

Ein Schneemann für Afrika

von Christa Kožik

15 cm x 20,5 cm
€ 7,90/sFr. 14,80/öS 8,20*
ISBN 3-928885-40-5

Das ist die Geschichte von Kasimir, dem Schneemann, der im Kühlraum eines großen Schiffes von Rostock nach Afrika fährt. Matrose Karli hatte dem Mädchen Asina aus Cocatuttibana ein Geschenk versprochen, einen Mann aus Schnee ...

Philipp und der Katzentiger

von Christa Kožik

15 cm x 20,5 cm
€ 8,60/sFr. 16,10/öS 8,90*
ISBN 3-89603-077-9

Der kleine Philipp ist viel zu klein für sein Alter. In der Fußballmannschaft darf er nicht mitspielen und über seine großen Ohren lachen alle, nur nicht er selbst. Was allerdings niemand weiß: Er kann mit diesen Ohren besonders gut hören, auch alles was er nicht hören soll ...

* vom Österreichischen Importeur festgesetzter Mindestverkaufspreis für Österreich

# Alfons Zitterbacke	# Alfons Zitterbacke hat wieder Ärger	# Alfons Zitterbackes neuer Ärger
Geschichten eines Pechvogels		
von *Gerhard Holtz-Baumert*	*von* *Gerhard Holtz-Baumert*	*von* *Gerhard Holtz-Baumert*
15 cm x 20,5 cm € 9,10/sFr. 17,–/ö€ 9,30* ISBN 3-928885-76-6	15 cm x 20,5 cm € 9,10/sFr. 17,–/ö€ 9,30* ISBN 3-928885-42-1	15 cm x 20,5 cm € 9,10/sFr. 17,–/ö€ 9,30* ISBN 3-928885-90-1
Alfons ist, wie man so sagt, ein Pechvogel. Irgendwie geht ihm alles daneben. Der Wellensittich lernt weder sprechen noch apportieren, dafür aber geht die halbe Wohnung zu Bruch. Und wer hat Schuld ? Natürlich Alfons. Und dazu dieser Familienname: Zitterbacke.	Alfons verlässt das Pech nie. Ein Pechvogel eben, der nicht einmal Nudeln mit Tomatensoße kochen kann, vom Kompasslesen ganz zu schweigen. Zitterbacke kann anpacken was er will, ihm geht eben alles daneben.	Wieder verfolgt unseren Alfons das Pech. Einen Mustang will er reiten, und ein Ziegenbock nimmt ihn auf die Hörner. Mit einem Kaninchen muss er spazieren gehen, dabei sollte es ein Hund sein. Was zuviel ist, ist zuviel. Doch Zitterbacke meistert sein Leben wie bekannt mit Bravour.

* vom Österreichischen Importeur festgesetzter Mindestverkaufspreis für Österreich

Ottokar
der Fernsehstar

von Ottokar Domma

15 cm x 20,5 cm
€ 9,10/sFr. 17,–/ö€ 9,30*
ISBN 3-928885-74-X

Nach sechsjähriger „Berufserfah-
rung" als Schüler kennt Ottokar das
Leben, die Lehrer, die Schule, die
Menschen überhaupt. Ob es nun
Herr Burschelmann, das Schnatter-
hüpfle, der Schweine-Sigi, der lange
Schücht oder all die anderen Typen
sind – ihm macht so schnell keiner
was vor. Ottokar behält den Durch-
blick.

Ottokar
in Philadelphia

von Ottokar Domma

15 cm x 20,5 cm
€ 9,10/sFr. 17,–/ö€ 9,30*
ISBN 3-89603-025-6

Weitere Geschichten vom braven
Schüler Ottokar bringt dieses Buch.
Denn Ottokars Devise lautet: „Wie
man's macht ist es falsch – wie man's
nicht macht ist es auch falsch. Also
mach ich weiter!"
Und hier ist der Beweis.

* vom Österreichischen Importeur festgesetzter Mindestverkaufspreis für Österreich